文芸研の授業シリーズ④

わらぐつの中の神様

著者：斎藤千佳子
編集：『文芸研の授業シリーズ』編集委員会

新読書社

はじめに　『文芸研の授業シリーズ』刊行にあたって

活動中心の授業が推奨されることが多くなり、発表会やペープサート、リーフレットや図鑑づくりを単元のゴールに設定した国語の授業が増えています。文芸教材や説明文教材を読むことが、別の目的（言語活動）のための「動機づけ」のように扱われることもあります。さらに、文章全体を大まかに把握して要約する力を問うような全国学力テストの出題が、その傾向に拍車をかけています。どのような活動を仕組むかということばかりに授業づくりの関心が向けば、教材研究は表層的なものになり、中身の薄い授業になってしまいます。活動の「楽しさ」ばかりが追求され、教材を読むことの「おもしろさ」が言語活動の背後に押しやられている現状に危惧を感じている先生方も多くいらっしゃるのではないでしょうか。

本書『文芸研の授業シリーズ』は、各巻の執筆を私ども文芸教育研究協議会（文芸研）の会員が担当し、一つの教材の何を、どう授業するか、すなわち教材分析・解釈と授業の実際をわかりやすくお示ししています。

一「教材をどう読むのか」では、教材の特質をふまえた詳細な分析を述べています。

二「この教材でどんな力を育てるか」では、子どもたちにどのような「ものの見方・考え方」を育てるか、どのような「人間の真実」や「ものごとの本質」を認識させたいかという教師の「ねらい」を示しています。一と二により、この教材の何をこそ授業するのかということが明確になります。「教師の読み」が明確になり、豊かで深いものになれば、実際の授業における子どもたちの多様な読みを意味づけ、授業の流れの中に生かしていくことも可能となるのです。子どもたちの主体的で深い学びを実現するためには、まずは教師による深い教材研究が必要なのです。

また、三「この教材をどう授業するか」では、毎時間の授業構想と板書計画を紹介しています。見開きページに一時間分がまとめてありますので、授業に慣れていない若い先生方に参考にしていただけるものと思います。もちろん学級の実態によって授業の内容は変化していくものですから、四「授業の実際」の記録と見比べながら、ご自身の学級の子どもたちにとって価値のある授業を模索していただければ幸いです。

子どもたちに人間やものごとの本質を認識・表現する力を育てたいと願う先生、生きてはたらく「ものの見方・考え方」を身につけさせたいと願う先生、豊かな人間観・世界観を培いたいと願う先生、そして何より真に「なるほど」「おもしろい」と感じられる国語の授業を求める子どもたちのために、本書が少しでもお役に立てれば幸いです。

本シリーズの刊行にあたって、新読書社・伊集院郁夫氏には企画の段階から的確なアドバイスをいただいて参りました。記して感謝申し上げます。

二〇一六年七月

文芸教育研究協議会

『文芸研の授業シリーズ』編集委員会

目　次

一

教材をどう読むのか

1 作品の構造

（1）視点

物語は、作者によってではなく、作者が設定した《語り手》〈話者〉によって語られていきます。読者は、その《語り手》の視点を通して作品世界を体験していくのです。

【はじめ】と【おわり】の場面の視点

【はじめ】…マサエの《視角》から

下の図のように、《話者》〈語り手〉が、マサエに寄り添って家の内や外の様子を語っています。読者はお母さんやおばあちゃんが言ったことに対するマサエの気持ち（ものの見方も含めて）がよくわかります。

【つづき】…おみつさんの《視角》から

おみつさんが市へ出かけるあたりから、語り手が次第におみつさんの目と心に寄り添い重なって語られます。読者は、マサエと一緒に、雪げたに心惹かれる思いや、大工さんに

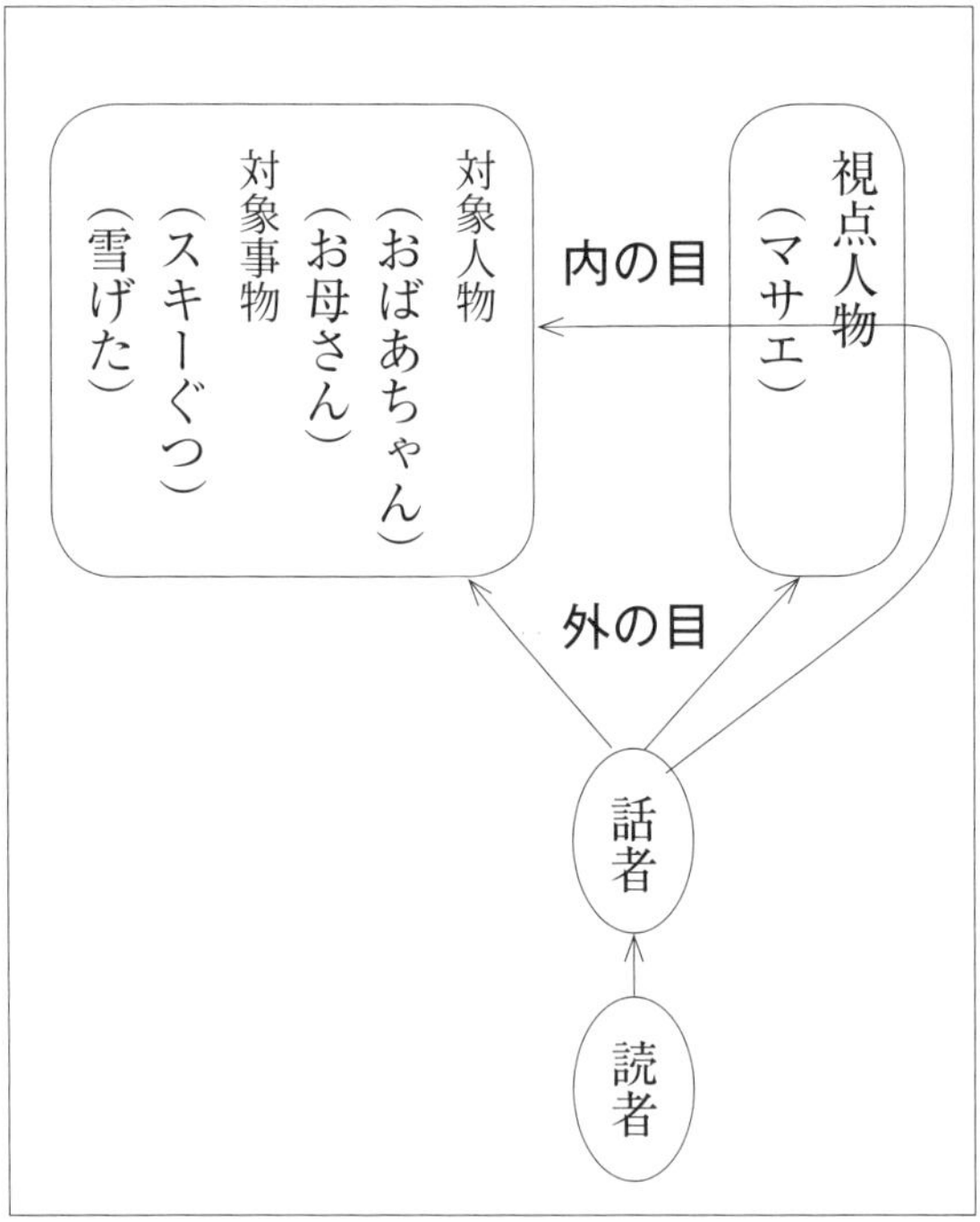

声をかけられた時の戸惑いを体験していきます。
　おみつさんの労働に対する考え方もよくわかります。

【おわり】マサエの《視角》から

　マサエの視角にもどります。

　おばあちゃんの話を聞き終えたマサエが、その物語に心動かされて価値観（認識）が変わってきたのが読者にもわかります。
　※読者は、人物の目と心になって《同化体験》すると同時に、その人物を外からみる《異化体験》も同時にします。両者ないまぜになった体験が文芸における体験（共体験）です。

【つづき】の場面の視点

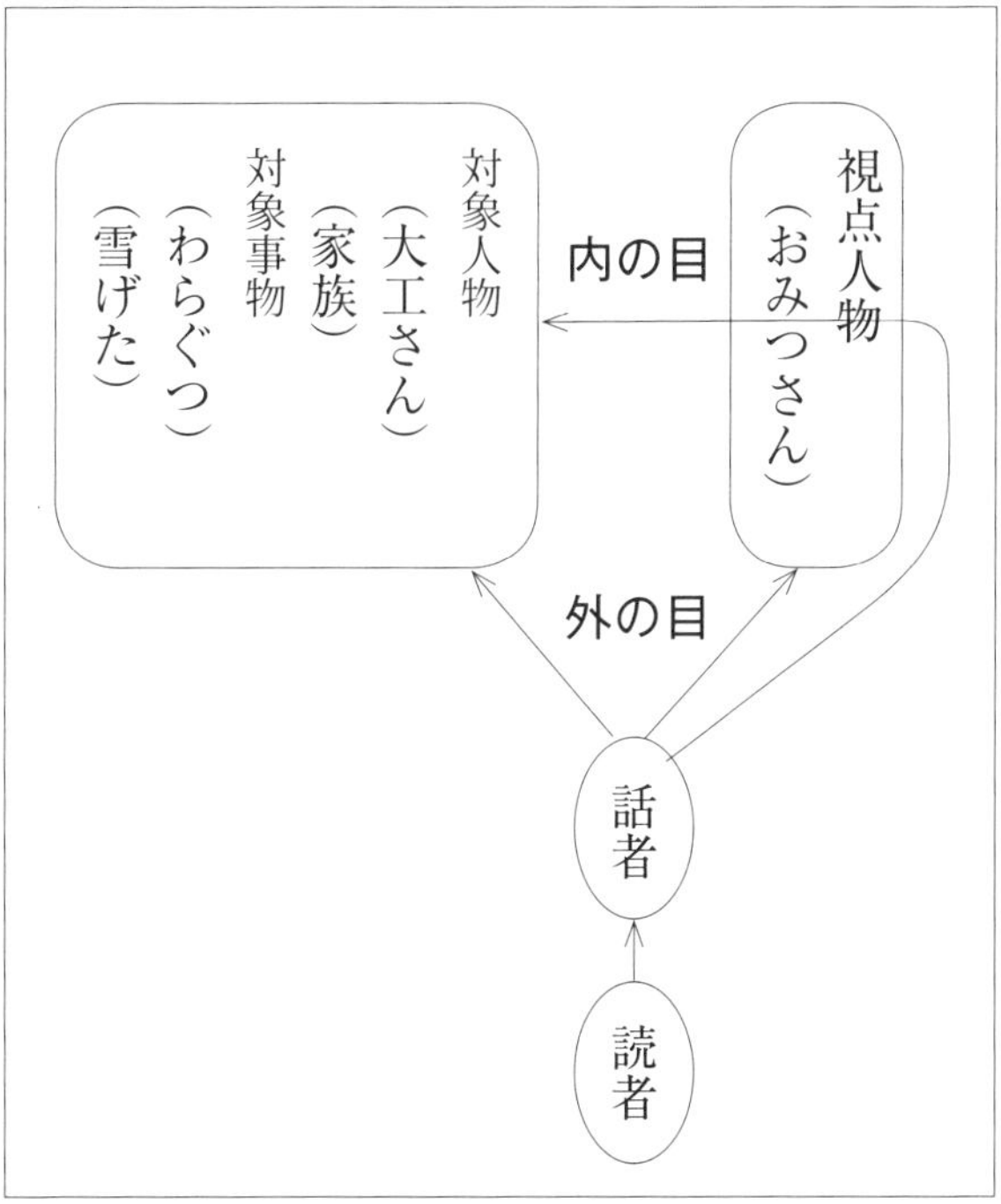

（2）題名

●《仕掛》になっている題名

卑俗なものである「わらぐつ」と神聖な響きのある「神様」が合わさったこの題名から、読者である子どもたちはいったいどんな神様が出てきて何をするのだろうと、あれこれ想像をめぐらすことでしょう。読者の想像をかきたて、作品の世界に引き込む《仕掛》になっています。

●象徴としての題名

この物語では、人物たちが、『もの』の中に〈神様〉を見いだしています。おばあちゃんは、マサエにすすめる〈わらぐつ〉の中に「神様がいなさる」と言い、大工さんは、おみつさんの作った〈わらぐつ〉の中に「神様」を見いだします。そして【はじめ】には、「そんなの迷信だ」と言っていたマサエも【おわり】では、〈雪げた〉の中に〈神様〉を見いだします。

〈神様〉は、作った人の愛情、働いて贈ってくれた人の愛情、使う側の人の愛情、つまり、それぞれの人物が見い出した価値を象徴したものだといえるでしょう。

（3）筋・構成・場面

構成

〔場面分け〕（場面の始まりの文）

【はじめ】

一場面　雪がしんしんとふっています。

二場面　すると、茶の間のこたつから、おばあちゃんが口を出しました。

【つづき】

三場面　昔、この近くの村に、おみつさんというむすめが住んでいました。

四場面　家に帰ったおみつさんは、思い切って…。

五場面　げた屋さんの前を通るとき、横目で見ると、あの雪げたは…。

六場面　その次の市の日までに、おみつさんは、また一つわらぐつを…。

【おわり】

七場面　「それから、わかい大工さんは、言ったのさ。…。」

一場面

〈雪がしんしんとふっています。〉

●書き出し～作品の世界との出会い

〈雪がしんしんとふっています。〉という描写による書き出しで始まります。

雪がふっているけれどもあたたかい世界です。あたたかい家族の愛情の中で暮らしているマサエの姿が目に浮かびます。また、現在形の文末が多く使われているため、臨場感があり、読者はマサエと一緒に家の中にいて雪や風の気配を感じ取るような体験（同化体験）をすることができます。

さりげない書き出しですが、読者を物語の世界に引き込むみごとな舞台設定になっています。

●類比されるマサエの人物像

甘えんぼでやや人任せなマサエの人物像が類比されて（くりかえされて）います。

言っていること、していること（ものの言い方も含めて）に目をつけ、さらに「ほかならぬ自分がぬらしてしまったスキーぐつなのに…」と、《条件》をふまえて読むことで、お母さんに甘えきっているマサエの人物像をとらえることができます。

二場面

〈すると、茶の間のこたつから、おばあちゃんが口を出しました。〉

●対比されるマサエとおばあちゃんの価値観

会話文にあらわれている、おばあちゃんとマサエの「わらぐつ」に対する見方を対比してみます。

マサエ	〈みったぐない。〉 〈だれもはいてる人ないよ。〉	～外見だけを見ている （条件的な見方ができない）
同じ「わらぐつ」でも	↔ 価値観を対比すると…	
おばあちゃん	〈わらぐつはいいもんだ。〉 〈軽いし、すべらんし。〉	～条件や機能で見ている

このような違いが見えてきます。

最後の場面では、このマサエの価値観がどう変容したかを考えることになります。

●「神様」の存在

おばあちゃんの〈「わらぐつの中には神様がいなさるでね。」〉の言葉に対してマサエは〈「わらぐつの中に神様だって。」〉〈「そんなの迷信でしょ。」〉と信じません。この疑問はマサエと同じ年ごろの読者の心の声でもあります。題名読みをしたときに感じた「神様」に対する疑問がここでも膨らみ、おばあちゃんの話を聞きたくなる《仕掛》にもなっています。読者は「神様とは？」と考えながら読み進めることになります。

三場面 （――昔、この近くの村に、おみつさんというむすめが住んでいました。）

いよいよおばあちゃんの昔話が始まります。視角がマサエからおみつさん（おばあちゃん）に転換します。

●おみつさんの人物像

まず、おみつさんのことについての紹介があり、おみつさんの形象は次のように語られます。

〈特別美しいむすめというわけでもありませんでした。〉……見た目（容姿）

が

〈体がじょうぶで〉
〈気立てがやさしくて〉
〈いつもほがらかにくるくると働いて〉
〈村じゅうの人たちから好かれていました。〉……中身（人柄）

強調

前と後が対比されて、逆接の接続詞の後の方、つまりおみつさんの良さが強調されます。しかも、そのおみつさんの良さが〈～で、～て、～て〉と類比されているので、おみつさんの人柄の良さがより強調されます。

日頃は見た目で人やものを価値づけている子どもたちも、おみつさんに対し、とても好ましい印象を持って、これからの物語を読み進めていくことになるでしょう。

●〈雪げた〉の描写からわかること

朝市に出かけたおみつさんが、げた屋さんの前を通るとき〈かわいらしい雪げた〉が目につきました。「雪げた」は次のように描写されています。（ここは、話者がぴったりとおみつさんに重なって語っているところです。）


〈白い、軽そうな台に〉

〈ぱっと明るいオレンジ色のはなお〉

〈上品な、くすんだ赤い色のつま皮〉

〈黒いふっさりとした毛皮のふち取りでかざられています。〉


おみつさんの目と心が、この雪げたの美しさ、上品さに吸い寄せられているのがわかります。

実はそれだけではありません。冬のはきもの（道具）としてみるとどうでしょう。
・白い………桐のげたである（軽くてはきやすい）
・軽そう……雪道をあるくのに機能的
・つま皮……つま先を雪から守る
・ふっさりとした毛皮のふちどり………あたたかい
という具合に、おみつさんが目をつけたところは、雪道を歩くための道具としてすぐれたところなのです。

知らず知らずのうちに、「美の価値」「用の価値」ともに見抜いているおみつさんなのだとわかります。ここは、教師の説明が必要です。
〈市で野菜を売っている間も、…頭をはなれません。〉〈なんとしてもあきらめきれないのです。〉という心理描写や、〈ちゃんとぎょうぎよくならんでいます。〉〈「ねえ、わたしを買ってください。あんたが買ってくれたら、うれしいな。」〉という擬人法を使った表現などから、雪げたを手にいれたいおみつさんの願いを読みとっていきます。

四場面

（家に帰ったおみつさんは、思い切って…たのんでみました。）

●家族思いで働き者のおみつさん

〈ねだるどころではなくなって〉しまったおみつさんが考えたことは、自分でわらぐつを作って売ることでした。毎晩、それも〈家の仕事をすませてから〉作り始めます。家族を思いやるやさしさだけでなく、自分で働いて買おうとするたくましさも持ち合わせている人物です。
そのわらぐつ作りの仕事ぶりを見てみましょう。

〈少しぐらいかっこうがわるく〉

↕ ても

〈はく人がはきやすいように〉
〈あったかいように〉

類比

〈少しでも長もちするように〉
〈心をこめて〉
〈しっかりしっかり、編んでいきました。〉

見た目よりも、履く人のことを考えて、ていねいにていねいにわらぐつを作ったことがわかります。おみつさんの人柄、物作りに対する価値観がみごとに表れています。あとの場面で大工さんが語る言葉と同じ価値観であることがわかります。

●おみつさんと重なるわらぐつのイメージ

さて、心をこめて〈やっと一足作りあげ〉たわらぐつは

〈いかにも変な格好〉
〈右と左と、大きさもちがうし〉
〈なんだか首をかしげたみたい〉
〈足首のところが曲がって〉
〈底もでこぼこしていて〉
〈ちゃんと置いてもふらふらするようです。〉

……見た目（外見）

⟷ その代わり

強調

〈上からつま先まで、すき間なく〉
〈きっちりと編みこまれていて〉
〈じょうぶなことは、このうえなしです。〉

……中身（機能）

と描写されます。この描写から、おみつさんが自分の作ったわらぐつをどう見ているかがわかります。この描写は〈その代わり〉の後の方が強調されるので、おみつさんは自分の作ったわらぐつは、見かけこそ悪いが、じょうぶで冬のはきものとしては「上出来」と自信をもっていることがわかります。見た目は変だけど丈夫だという自信をもって作りあげたと読み取ることができます。

ところで、このわらぐつは、〈特別美しいというわけではないけれど、…気立てがやさしくて働き者…〉というおみつさんと似てはいないでしょうか。わらぐつ（もの）とおみつさん（人）は直接関係がありませんが、イメージの上で《関連》づけて見ると、ぴったり重なるものがあります。おみつさんが作ったわらぐつにはおみつさんの人柄が表れています。それは「ものの中に人を見る」ということです。この見方は六場面での大工さんのものの見方・考え方でもあります。

心を込めてしっかり作った自分のわらぐつを持って〈元気よく〉出かけていくおみつさんに、読者も「売れるかもしれない、売れてほしいなあ」という期待が高まります。

五場面

（げた屋さんの前を通るとき、横目で見ると、あの雪げたは…。）

●世間の価値観にゆらぐおみつさん

世間の人たちの評価は、〈くすくす笑ったり〉〈あきれた顔をしたり〉〈「へええ、それ、わらぐつかね。…わらまんじゅうかと思った。」〉など、散々なものです。

世間の人たちの価値観や認識（ものの見方・考え方）は、見かけだけを見て、履き物としての価値を見ていません（おみつさんの価値観と対比的です）。履く人が履きやすいようにと心を込めて作ったわらぐつのはずなのに、マイナス評価が続いたため、〈不細工なわらぐつ〉〈みっともよくねえわらぐつ〉と自分で呼ぶまでになってしまいます（呼称の変化）。自信がゆらいでしまったのです。

●おみつさんにはわからない、買ってくれる理由

がっかりしていたところに大工さんが現れます。〈わらぐつを手に取ると、たてにしたり横にしたりして、しばらくながめてから、今度はおみつさんの顔をまじまじと見つめ〉たのです。おみつさんには大工さんがどうしてそんな行動をするのかわかりません。他のお客さんに笑われたことで朝の自信はすっかりなくしてしまっていただけに、その言動も

〈「みっともよくねぇわらぐつで―。」〉

〈赤くなりながら、おずおずと〉差し出し

〈「うまくできねかったけど―。」〉

と歯切れが悪くなります。ダッシュには自信を無くしたおみつさんの心が表れています。ところが、その自信のないわらぐつを大工さんが買ってくれたのですから、意外であり、でも〈うれしくてうれしくて、わかい大工さんをおがみたいような気が〉したおみつさんです。読者も「売れた！良かった」とおみつさんと一緒に喜びを感じる場面です。

六場面　（その次の市の日まで、おみつさんは）

●大工さんの言動～深まる疑問

くり返しやって来ては〈不格好なわらぐつを買ってくれ〉る大工さん。おみつさんの側から描かれているので、初読の時は読者もその理由を知りません。これは先を読みたくなる《仕掛》になっています。

おみつさんが抱く（どうしてこんなに続けて買ってくれるのか…、自分の編んだわらぐつがすぐ傷んでしまったのではないか）という思いは、ここでも会話の中のダッシュの部分に表れています。

〈「申しわけなくて――。」〉
〈「あんなにたくさん――。」〉
〈「そりゃどうも――。」〉
〈「あんな不格好なわらぐつで――。」〉

控えめなおみつさんだけど聞かずにはいられない。でも恥じらいもある…そんな若い娘さんらしい心のゆれがわかります。

●大工さんのことば～いい仕事とは…『ものの中に人を見る』

六場面の後半に、この場面の特徴である、大工さんの長いセリフ（会話文）があります。

〈「おれは、わらぐつをこさえたことはないけども、おれだって職人だから、仕事のよしあしは分かるつもりだ。いい仕事ってのは、見かけで決まるもんじゃない。使う人の身になって、使いやすく、じょうぶで長もちするように作るのが、ほんとのいい仕事ってもんだ。おれなんか、まだわかぞうだけど、今にきっと、そんな仕事のできる、いい大工になりたいと思ってるんだ。」〉

大工さんの会話
長い会話文で、
自分の思いを語る
↓
おみつさん…こっくりこっくり
（読者も納得）

おみつさんは、この言葉を〈こっくりこっくりうなずきながら〉聞きました。大工さんが、自分の仕事ぶりをきちんと言葉にして意味づけ、働く人としての価値を認めてくれたことが嬉しかったのです。

大工さんは、「わらぐつ」を見てその中に「おみつさんの人柄や価値観」を見たのです。「ものの中に人を見る」ということです。

授業では、「大工さんはわらぐつの中に何を見ているのか」と問いたいと思います。

大工さんの会話の中にくりかえし出てくる〈いい仕事〉は、おみつさんの仕事ぶりを評価しているだけでなく、大工さん自身の〈いい仕事〉をしたい、〈いい大工〉になりたいという願いでもあります。大工さん自身の生き方、仕事に対する姿勢を読み取ることができます。

そんな大工さんは、〈「なあ、おれのうちへ来てくんないか。そして、いつまでもうちにいて、おれにわらぐつを作ってくんないかな。」〉とプロポーズします。前に語られた会話文から、大工さんは、おみつさんの仕事に対する価値観と、人間としての美しさに惹かれたのだということは言うまでもありません。

大工さんにプロポーズされたおみつさんは、〈白いほおが夕焼けのように赤くなりました〉。ただ、恥じらいでほほが赤くなったと読むのではなく、美しい夕焼けのイメージとおみつさんの心の素直さ、美しさと重ねて読むことで、さらにおみつさんの人物像を深く豊かにとらえることができるでしょう。

七場面

(――それから、わかい大工さんは言ったのさ。)

●マサエの視角～同化体験することで、実は…という結末を知るおもしろさ

【おわり】の場面ではまたダッシュ(――)から始まります。話が転換し、再びマサエの視角から語られ、マサエとおばあちゃんの会話を中心にして展開していきます。

視点人物のマサエの会話を抜き出してみると、〈そいで〉〈そいで〉〈じゃあ〉〈じゃ〉〈へえ。どこに。〉…と矢継ぎ早におばあちゃんに問いかけているのがわかります。マサエの視角から語られることで、読者もマサエに寄り添い、同時に体験していくことになります。プロポーズされたおみつさんは結婚したのだろうか、幸せになったのだろうか、というマサエの会話は、同時に読者の疑問でもあり、謎解きのような楽しさ、結末を知るおもしろさがあります。そして、実はその大工さんが自分の「おじいちゃん」だったということがわかる…、マサエの会話は、そのまま読者の興味・関心を引き起こす《仕掛》になっています。

●マサエの認識の変化と読者の認識の変化～共体験することで読者も変わる

【はじめ】の場面のマサエの行動や会話文と対比させながら読むとマサエはずいぶんと変わりました。

【はじめ】の場面のマサエは〈「お母さん、わたしのスキーぐつ、かわいてる。」〉〈「お母さん、どうする。」〉と母に甘えている言動をとっていました。しかし、【おわり】の場面では、〈すぐふみ台を持ってきて〉〈ほこりだらけのボール箱を下ろしました。〉と自ら行動しています。また、ものに対する認識も変わります。【はじめ】は〈「わらぐつなんて、みったぐない。」〉〈「わらぐつの中に神様だって」〉とわらぐつの価値さえ認めていませんでしたが、【おわり】の場面では、ほこりだらけの箱でかびくさい雪げたを〈きれいな雪げた〉〈「あら、きれいだ。かわいいね。」〉〈「この雪げたの中にも、神様がいるかもしれないね。」〉と意味づけるまでになりました。

また、〈「おじいちゃんがおばあちゃんのために、せっせと働いて買ってくれたんだから、この雪げたの中にも、神様がいるかもしれないね。」〉と言います。ここで、マサエは、外見よりも中身（ものの本質）を見ています。つまり、ものをものとしか見ていなかったマサエが、ものの中に神様（愛情や価値）を見いだすことができるまでに認識が変わりました。

マサエの言動を場面ごと類比した上で【はじめ】と【おわり】を対比してみましょう。認識が変わったことがわかります。

【はじめ】の場面

・甘えているマサエ
・外見だけを見ているマサエ
・神様はいるわけないがないと思っているマサエ

ものをものとしか見ていない

対比 ↔

【マサエの認識の変化】

【おわり】の場面

・ほこり、かびがあっても嫌だと思わなくなっているマサエ
・おばあちゃんが大切にとっておいたことに気づいているマサエ
・神様はいるかもしれないと意味づけるようになったマサエ

ものの中に愛情や価値を見いだしている

なぜ変わることができたのでしょうか。

それは、【つづき】の場面のおばあちゃんの昔話を聞く中で、使う人のために心を込めて作るおみつさんの仕事ぶりや、仕事の本質について熱く語る大工さんの話に感動したからに他なりません。かびくさい雪げただけれども、その中におじいちゃんの〈おばあちゃんに対する〉愛情を関連づけ、〈神様がいるかも〉と意味づけができるようになったのです。マサエの目と心に寄り添って読んできた読者もまた、雪げたの中に神様がいるかもしれないという思いを自然に持つことができます。

この物語は【つづき】の場面だけでも十分「わらぐつの中の神様」の話として成立します。ところが、この物語にはマサエの視角で語られる【はじめ】と【おわり】があります。それは、読者にとってもとても大きな意味があります。【つづき】の話（おみつさんの視角）だけだったらどうでしょうか。単なるおみつさんの幸せ

な恋愛話で終わってしまうでしょう。【はじめ】と【おわり】で視角が転換することによって、マサエの変容が読者にはわかり、マサエの目と心によりそって読んできた読者もまた認識を変えることができるのです。

2 作品の特質

（1）三部構成

この物語は、マサエの《視角》からの【はじめ】、おみつさんの《視角》からの【つづき】、そしてまたマサエの《視角》からの【おわり】と、《視角》の転換がなされた三部構成になっています

【はじめ】の場面のマサエは条件的な見方・考え方のできない人物として描かれています。〈わらぐつの中に、神様だって〉〈そんなの迷信でしょ。〉とおばあちゃんの言うことには取り合いません。それが【おわり】の場面では〈この雪げたの中にも、神様がいるかもしれないね。〉と言い、おじいちゃんが帰ってくると〈「おかえんなさあい。」〉とげんかんに飛び出していくように変わります。それは、おばあちゃんの語る昔話（おみつさんと大工さんの話）に感動し、共感して、ものごとや人間の真の価値について認識を深めることができたからです。

現在～過去（おばあちゃんの昔話）～現在という三部構成がとられ、《視角》がマサエ～おみつさん～マサエと転換していくことによって、読者もまたマサエと同様に認識を変革させられていくのです。

（2）表現方法の選択

物語の表現方法は四つあります。《説明》《描写》《叙事》《会話》です。なぜそこが《説明》なのか、なぜ《描写》なのかが問題になります。

・三場面の〈おみつさん〉……《説明》

～説明だからこそおみつさんの良さが際立ちます。もし描写だったら、容姿をこと細かく描くことになり、おみつさんの人柄（人間的な価値）が読者には伝わりません。

・三場面の〈雪げた〉…………《描写》

～描写だからこそ、読者はおみつさんの目と心によりそって読んでいくことになります。おみつさんが雪げたのどこに心惹かれたかがよくわかり、そこからおみつさんの価値観も読み取れます。

・六場面の〈大工さん〉………《会話》

～会話だからこそ、大工さんの仕事に対する考え方（価値観）がよくわかります。読者も納得します。

作者は、その場面や人物によって《説明》《描写》《会話》という表現方法を選択し使い分け、物語をより深い味わいのあるものにしているのです。

二

この教材でどんな力を育てるのか

1 認識の力

この教材で、どんな力を育て身につけるのかということは二つあります。一つはその教材独自の**内容（主題・思想）**、もう一つは、その教材を通して学び応用していく**方法（ものの見方・考え方）**です。その両者が一体となり身についたとき真に生きてはたらく力＝認識の力となります。

認識の内容（主題・思想）
認識の方法（ものの見方・考え方）
→ 認識の力（生きてはたらく力）

（1）表現の内容・認識の内容

表現の内容とは、いわゆるその作品の主題（テーマ）のことで、一般的には、これを読みとることが文芸教材の授業の目標とされます。しかし、文芸研では、その主題をこえて、「人間とは」「愛とは」「労働とは」という、生きていく上で常に考えていくべき《思想》を学ばせることを目標にしています。

認識の内容

【表現の内容】（主題）

心をこめた労働が人と人をつなぎ、あたたかい人間関係を作り出す。

【認識の内容】（思想）

人間は、関連づける見方・考え方をすることによって、対象（もの・人）の中により深い価値を見いだし、自分も成長することができるものである。

このように作品の具体（わらぐつを作る体験）から、一般化・普遍化した内容（人間とは、労働とは、という深い考え）のことを《認識の内容》といいます。いわゆる思想です。文芸教材では人間認識を、説明文・意見文では主に社会認識や科学認識を育てることができます。

（2）認識の方法

認識の方法とは、認識の内容をわからせるための「ものの見方・考え方」のことです。この「わらぐつの中の神様」では、次のような認識の方法から認識の内容に迫りたいと考えました。認識の方法は他にもあります（32ページ参照）が、この教材の特質と五年生という学年の特質、児童の実態から次のような認識の方法を身につけさせたいと考えました。

①関連

もともとは関係がないけれども、何らかの観点で（イメージの上で）それらを重ねて見ることを《関連づける》といいます。結びつけて（重ねて）見たときにある意味が見いだされるという見方・考え方ということです。

この教材では、〈わらぐつ〉と〈おみつさん〉をイメージと意味の上で関連づけることで、労働の本質や人間的な美しさをとらえることができるのです。

②選択（表現方法の選択・視角の選択）

・表現方法の選択

《説明》《描写》《会話》が実に効果的に使われています。どの表現方法を選択しているかを知ることが対象をより深くとらえることにつながるのです。ひいては、自分の文章表現において、よりよい表現方法の効果を考え、表現を工夫することにもなります。

・視角の選択

どちら側から語られるかという《視角》が途中で変わっています。それによって　何が明らかになるかは、前に述べましたので省略します。

視角を変えること、つまり別の視角を選択して書いたり考えたりすることで、それまでとは違ったものが見えてきます。高学年の子どもたちにとって、この視角を変えてものごとを見ることは、より良い人間関係をつくり、自分を取り囲む世界を良い方向に変えていく上で大事なことだと考えます。

③条件

冬の履き物としての『わらぐつ』の条件、あるいは、美の価値・用の価値の両方を兼ね備えた『雪げた』の条件をおさえながら見ていくことによって、おみつさん（おばあちゃん）と大工さんの仕事ぶりや人柄（人間性）が鮮やかに浮かび上がってきます。

「条件」という認識の方法（見方・考え方）は中学年の課題ですが、身に付いていなければ、それをおさえながら授業をしていくことが大切です。

④構成

「作品の特質」の項でも述べましたが、この作品は、はじめ（現在）～つづき（過去）～おわり（現在）という三部構成になっています。作者は、なぜ単なる昔話だけにせず、わざわざマサエという視点人物を設定し三部構成にしたのでしょう。読者である子ども達にその意味を考えさせたいと思います。

三部構成という形式になっていることで、読者である子ども達はマサエという同年代の視点人物に寄り添って（同化して）つづき（過去）の話を体験していきます。つまり、マサエの目と心を通しておみつさんという誠実な人物に触れていくことができます。そして、読者もマサエと一緒に認識が変革させられていくという面白さがあります。

関連・系統指導案（小学校の中心課題）

0 **観点** 目的意識・問題意識・価値意識
真・偽 ほんと—うそ
善・悪 いいこと—わるいこと
美・醜 きれい—きたない
有用・無用 やくにたつ—やくにたたない

低 ← → 中 ← → 高

1 **比較**（分析・総合）
類似性—**類比（反復）**
相違性—**対比**

2 **順序** 過程・展開・変化・発展
時間・空間・因果・心情・思考・論理・意味

3 **理由・原因・根拠**

4 **類別**（分類・区別・特徴）
特殊・具体 一般・普遍
全体と部分

5 **条件・仮定・予想**

6 **構造**（形態）・関係・機能・還元

7 **選択**（効果・工夫）・変換

8 **仮説・模式**

9 **関連・相関・連環・類推**

10 **相補**

（西郷試案2の2）

【参考資料】子どもたちに育てたい「ものの見方・考え方」の系統案（認識の系統表）
文芸教育研究協議会 西郷竹彦会長による

認識の対象　ことば・表現・人間・ものごと
認識の方法　**ものの見方・考え方**　わかり方（表し方）
認識の内容　本質・法則・真理・真実・価値・意味
→ **認識の力**

関連・系統指導案（中学校・高等学校の中心課題）

1 **多面的・全一的・体系的**
1 多面的・多角的・多元的
2 全面的・全体的・大局的・総合的
3 全一的・統一的・統合的・概括的・総括的
4 体系的・系統的
5 複眼的（巨視的・微視的）・複合的・相補的

2 **論理的・実証的・蓋然的**
1 論理的（演繹的・帰納的・類推的）
2 合理的・整合的・合目的的
3 実践的・実証的・客観的
4 蓋然的・確率的・統計的

3 **独創的・主体的・典型的**
1 個性的・独創的
2 自己の対象化・相対化・客体化
3 主体的（主観と客観の統一）
4 典型的（個別・特殊と一般・普遍の統一）

4 **象徴的・虚構的・弁証法的**
1 矛盾的・力道的・弁証法的
2 象徴的
3 虚構的

（西郷試案2の2）

三

この教材をどう授業するか

授業計画

教授＝学習過程（12時間）

《だんどり》・・・・・・・・・・・・・・・・1時間
- 新出漢字・語句調べ・作家と作品について・場面割り
- 「わらぐつ」や「雪ぐつ」などについての予備知識など

※《だんどり》は授業の構想では省略

《とおしよみ》・・・・・・・・・・・・・・・・9時間

《たしかめよみ》
- 題名について・読み聞かせ・初めの感想
- 場面ごとに視点をふまえて読み、供体験をめざす

《まとめよみ》・・・・・・・・・・・・・・・・1時間
- 主題・思想（認識の内容）にせまる
- 意味づける。（典型化〜自分にとっての意味・価値）

《まとめ》・・・・・・・・・・・・・・・・1時間
- おわりの感想
- 感想の交流

教材文に入る前に場面割りをしたり、新出漢字や語句を扱う授業をするね。文芸研では、さらにその教材の特質について予備知識として必要なことを扱う時間を《だんどり》と呼んでいるよ。

例えば、民話であれば、そのお話の持つ地域性、方言、人物の設定、時代背景など、予備知識とイメージを持つことで、その作品の世界を深く味わう手助けとなるよ。

この「わらぐつの中の神様」の場合は〈わらぐつ〉という履き物が現代の子ども達にとって身近な物ではないので説明する必要があるね。また、初めに〈神様〉という言葉の持つイメージを一人一人にしっかり持たせておくことも大切だよ。

授業の構想

たしかめよみ　一場面

ねらい

・書き出しのみごとさに気付かせる。
・マサエの言動を類比することで人物像をとらえさせる。

わらぐつの中の神様　杉みき子

一　の場面　**冬の夜**

雪がしんしんと降っています

声喩

雪がサラサラと
まどのしょうじがカタカタと
ふっては落ちて…

静かな夜
雪の夜

授業の流れ（おもな発問）

・音読
〇どんな夜ですか。イメージしてみましょう。
・声喩に目をつけさせる。
〇文末を見ていきましょう。
・臨場感があり、読者はマサエのそばに居るような書き出しであることを捉えさせる。

めあて　どんなマサエでしょう。

類比

「お母さん、かわいてる。」

「うへえ、冷たい。お母さん、どうするう。」

「おそくまですべってなきゃよかった。」

「かわくかなあ…。」

・お母さんを頼りにしている
・自分のことを自分でできない
・人まかせ
・わがまま
・自己中心的
・反省している
・後悔している

○今マサエはどこにいますか。
・マサエが視点人物であること（話者もマサエに寄り添って語っていること）をおさえる。
○マサエの言動を類比してどんな人物かを見ていきましょう。
・お母さんは台所で後片付けをしているという条件をおさえながら考えさせる。
・マサエの人物像は、読者である自分たちの姿とも重なることに気づかせる。

たしかめよみ　二場面

ねらい

・おばあちゃんとマサエのわらぐつに対する見方を対比することで、わらぐつを条件的に見ることのできないマサエの認識をとらえさせる。

わらぐつの中の神様　杉みき子

めあて　どんなマサエでしょう。

マサエ

「やだあ。」

「みったぐない。」

「金具にははまらんわ。」

「だれもはいてる人ないよ。」

やだあ。

見た目
外見だけを
見ている

ぐつ

比

授業の流れ（おもな発問）

◎マサエとおばあちゃんのわらぐつに対する見方を対比していきましょう。

・会話文を拾っていく。

○マサエはわらぐつをどう見ていますか。

わら

対

・はずかしい
「そんなの迷信でしょ。」

おばあちゃん

「あったかいど。」
「軽いし、すべらんし。」
「神様がいなさるで。」（敬語）

いいど。

機能
働き

条件的に
見ている

わらぐつ
＝
冬の雪道を歩くための条件や機能を備えた履き物

○おばあちゃんはわらぐつをどう見ていますか。
・おばあちゃんは、何を「いい」といっているのでしょう。
・マサエは何を「いやだ」と言っているのでしょう。
○そんなマサエを読者としてどう思いますか。

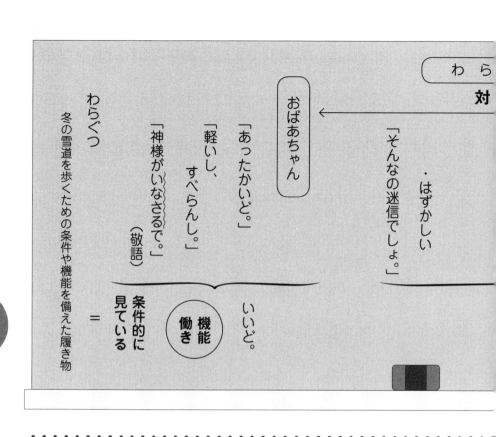

三

たしかめよみ　三場面（前半）

ねらい

・類比されるおみつさんの説明と雪げたの描写から、おみつさんの人物像をとらえさせる。

わらぐつの中の神様　杉みき子

三の場面　おばあちゃんの昔話

視点人物　～おみつさん

めあて　どんなおみつさんでしょう

〈説明〉 特別美しいむすめではない……**見た目**

⇐ ㋕（が）

体がじょうぶ
気立てがやさしい
いつもほがらか
くるくると働いて

類比

……**性格**
人柄

強調

授業の流れ（おもな発問）

○おみつさんはどんな人物ですか。

・「が」の前後で対比になっていることと、その効果～「が」の後が強調されること～をおさえる。

○おみつさんのことをどのように語っていますか。

・一言で言うとどんな娘さんなのか。

○雪下駄はおみつさんにはどのよ

村中の人から好かれていた

※おみつさんの視点（目と心）

〔**描写**〕かわいらしい雪げた
白く、軽そうな台
オレンジ色のはなお
上品なくすんだ赤い色のつま皮
黒いふっさりとした毛皮

⇐ **美の価値**

軽い
あたたかい
ぬれない

⇐ **用の価値**

気立てのいい働き者のおみつさん
雪げたがほしい（年頃の娘さんらしい）おみつさん
ものの値打ちがわかるおみつさん
条件的に見ることができるおみつさん

うに見えているのでしょう。
・視点がおみつさんであることをおさえる。
・おみつさんの目と心を通して見た雪げたはどんなふうに見えたかをおさえる。
・「描写」表現であることをおさえる。
・雪げたの条件もおさえる。雪げたの美しさ【美の価値】と機能性【用の価値】の両方の値打ちがわかるおみつさんであることをとらえさせる。
○そんなおみつさんをどう思いますか。

三の場面は、初めはおみつさんのことを外の目で「説明」しているね。そのあとは、おみつさんの視点（目と心）で、ずっと雪げたの「描写」が続くよ。その表現を大切に扱うことで、雪げたがほしいおみつさんの気持ちが読者に手に取るように伝わってくる。だからここでは、表現に沿って丁寧に読んでいきたいところだね。

たしかめよみ　三場面（後半）

ねらい

・雪げたがほしくてたまらないおみつさんに共体験させる。

〔つづき〕

めあて　どんなおみつさんでしょう。

授業の流れ（おもな発問）

○おみつさんの雪げたがほしくてたまらないという気持ちがわか

おみつさんの心

【類比】
・雪げたがほしくてたまらない
・しばらくそこに立って
・すいつけられたように
・頭をはなれません
・いつもは、余計な物などほしいと
　思ったことのない
・なんとしてもあきらめきれない

～擬人法～
※おみつさんにはそう見える
・ちゃんとぎょうぎよく
・「ねえ、わたしを買ってください。」
・よびかけているように

ほしくてたまらない

るところを類比して見ていきましょう。

○読者のみなさんはそんなおみつさんを見てどう思いますか。

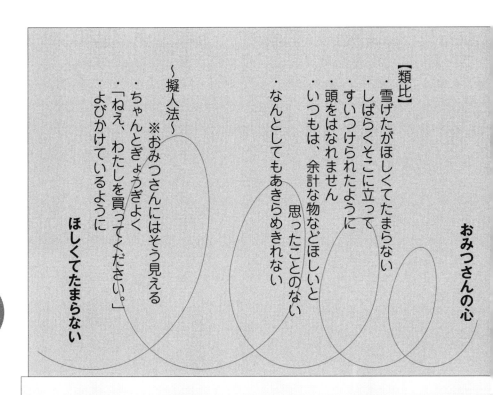

たしかめよみ　四場面

ねらい

・おみつさんの仕事に対する姿勢と考え方をとらえさせる。
・おみつさんの形象とわらぐつの形象がひびきあっていることに気づかせる。

わらぐつの中の神様　杉みき子

四の場面

めあて　どんなおみつさんでしょう。

【おみつさんの仕事ぶり＝人柄】

少しぐらいかっこうがわるく

↔ **ても**

はく人がはきやすいように
あったかいように
少しでも長もちするように心をこめて
しっかりしっかり編んでいきました。

類比

授業の流れ（おもな発問）

○おみつさんの仕事ぶりを見ていきましょう。どんなおみつさんが見えてきますか。
・冬の履き物としての条件をふまえて作っていること。
○そんなおみつさんをどう思いますか。
・単に雪げたがほしいということだけではなく、おみつさんの誠実さ、人ののために働く美しさ、

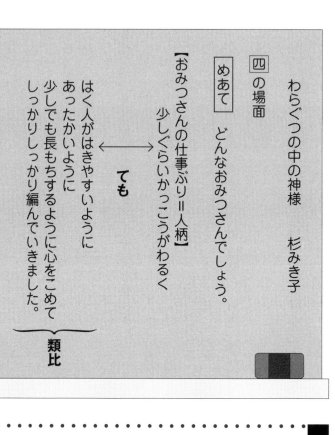

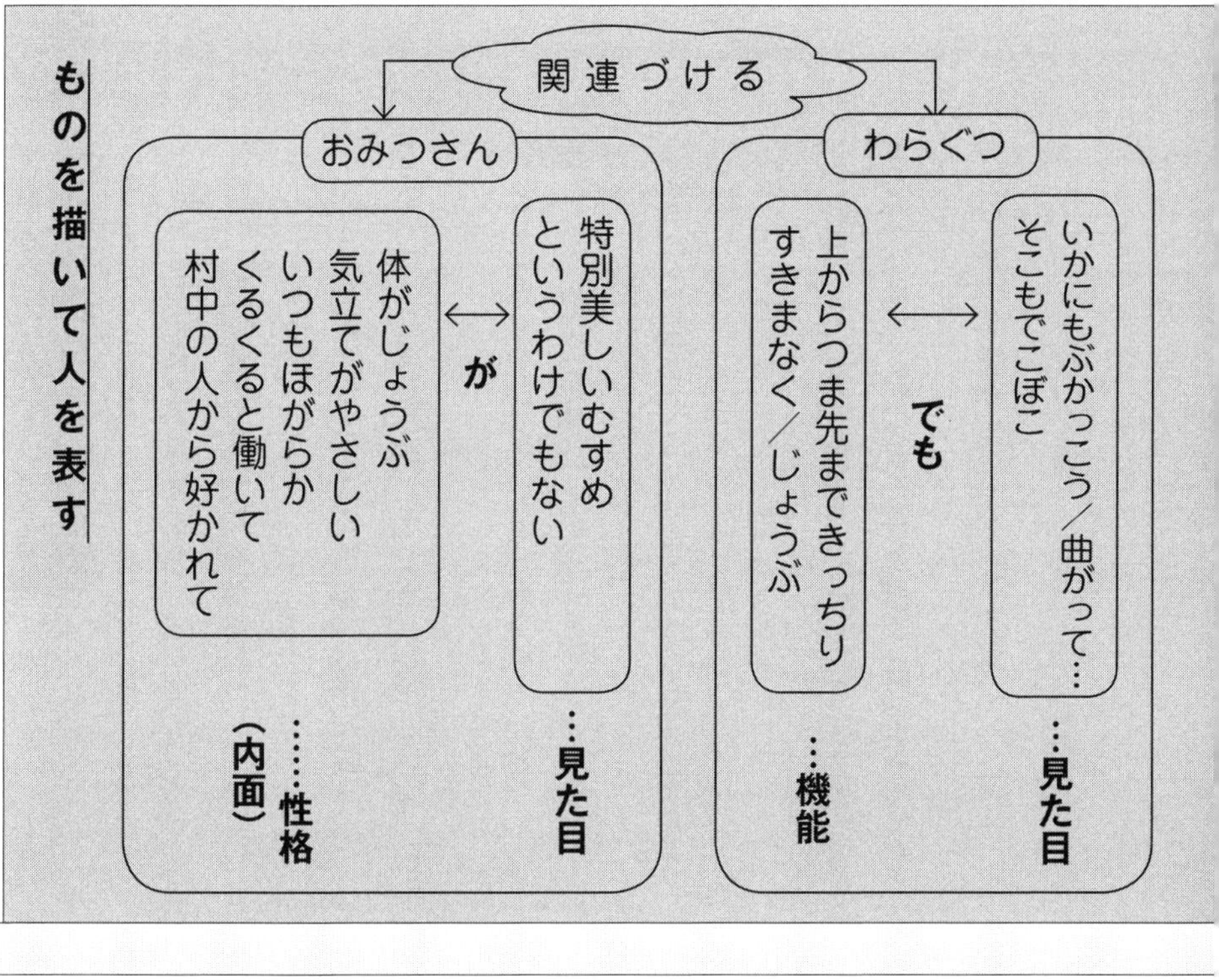

人柄をとらえさせる。

○おみつさんの編んだわらぐつはどんなわらぐつでしょう。

○おみつさんの編んだわらぐつとおみつさんとどこが似ていますか。

・イメージの上で結びついていることをとらえさせる。

ものを描いて人を表す

←

★**《関連づける》**という見方を教える。

たしかめよみ　五場面

ねらい

・自分の作ったわらぐつに対して見方がゆれ、自信をなくしていくおみつさんの気持ちをとらえさせる。

わらぐつの中の神様　杉みき子

五の場面

めあて　どんなおみつさんでしょう。

わらぐつ
元気よく（売れるといいなあ）
（雪げたのためにがんばるぞ）
楽しくなりました

自信
期待

〔町の人たちの〕
くすくす笑った
あきれた顔

授業の流れ（おもな発問）

○元気よく出かけていったおみつさんの気持ちがどうなったか見ていきましょう。

○おみつさんは、どんな気持ちで町へでかけていきましたか。

○おみつさんはどんな気持ちになりましたか。

・町の人々の言動やわらぐつの呼称の変化からとらえさせる。

「いいやよかったでね。」
「わらまんじゅうかと……。」
あけすけなことを言う
〔自分で〕
やっぱりだめなのかなあ
不細工なわらぐつを
見つめました。

自信をなくした

★大工さん登場
「みっともよくねえ
わらぐつで―。」
「うまくできねかったけど―。」

★若い大工さんが買ってくれた

うれしくてうれしくて

おがみたいような気がした

★町の人々はおみつさんのわらぐつの何をみているのか触れる。

○町の人たちの言葉を聞いてみんなはどう思いますか。
・おみつさんの働きぶりを知る読者としてどんな思いを持つか…応援したい思いを持たせたい。
・大工さんに買ってもらえたおみつさんのうれしさをとらえさせる。

三

たしかめよみ　六場面（前半）

ねらい

・何度も買ってくれる大工さんを不思議に思うおみつさんに同化して気持ちを考えさせる。

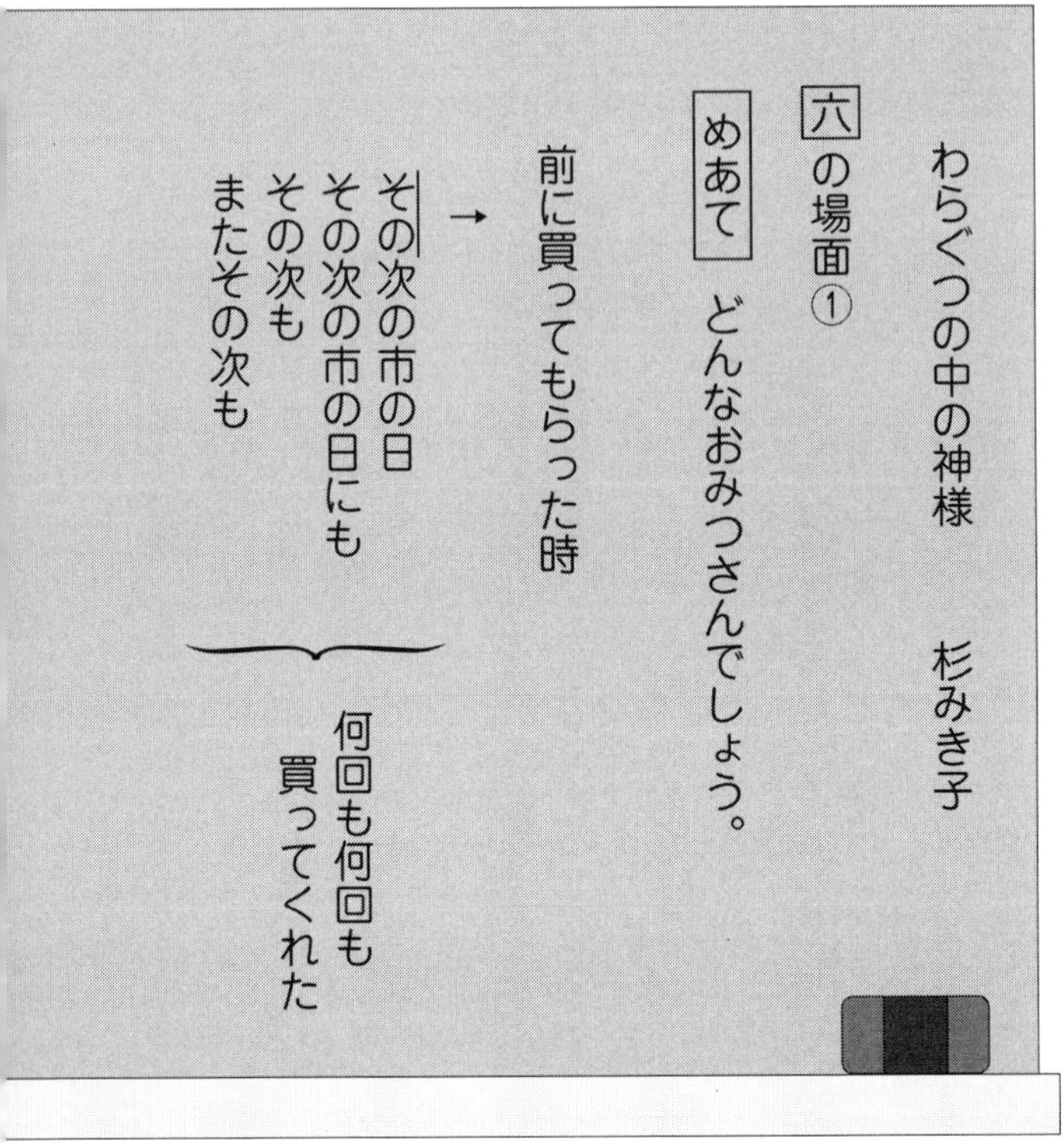

六 の場面①

その次の次の市の日にも

またその次も
何回も何回も

授業の流れ（おもな発問）

○「その」とはいつのことですか。

○おみつさんは今、どんな気持ちでいるのでしょう。

・作るたびに買ってくれる大工さんに対して不思議に思うおみつさんの気持ちに同化させる。

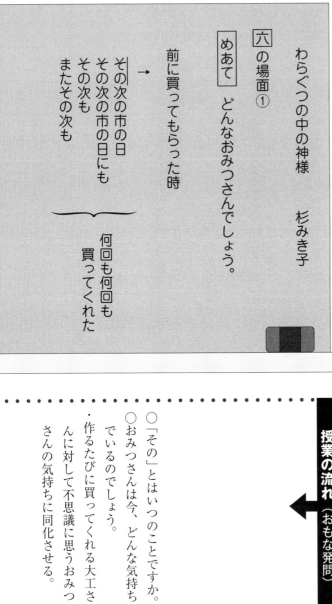

不思議
疑問
心配
不安
知りたくなった
うれしいけど
わるいなあ
とまどい

まあ、どうでしょう
あのう。
あの
もうしわけなくて—
どうしてあんなに
たくさん—
そりゃどうも—
不格好なわらぐつで—

類比

○控えめなおみつさんなのに、思い切って聞く気持ちを考えましょう。

・何回も大工さんにたずねる気持ちを考えさせる。

○—（ダッシュ）の意味を考えましょう。

・おみつさんの仕事ぶり、誠実さ、仕事にする責任感等から意味づけて考えさせる。

六の場面は、何度も買ってくれる大工さんの行動にとまどうおみつさんの心と、それにこたえる台詞（大工さんの仕事に対する価値観）、どちらも大事に扱いたいね。
大工さんの台詞は、作者の価値観でもあるからね。

たしかめよみ　六場面（後半）

ねらい

・大工さんの会話から、大工さんのものの見方・考え方をとらえさせる。

わらぐつの中の神様　　杉みき子

六の場面②

めあて　どんな大工さんでしょう。

【大工さんのせりふ】

いい仕事ってのは
　みかけで決まるもんじゃない
使う人の身になって
使いやすく
じょうぶで
長持ちするように

類比　いい仕事

〔町の人〕外見 ⟷ 中身（機能）

授業の流れ（おもな発問）

○大工さんのせりふを類比してみましょう。

・「会話」の表現を選択していることが大切であることをおさえる。（言葉は人柄や価値観を表す）

○大工さんは、おみつさんのわらぐつの中に何を見ているのでしょう。

仕事に対する
同じ価値観

【おみつさんの仕事ぶり】（前の場面から…）

はく人がはきやすいように
あったかいように
少しでも長持ちするように
心をこめて
しっかりしっかり

中身
（機能）

（わらぐつ）
ものを通して人を見る
（おみつさん）

おみつさん～白いほおが
夕焼けのように赤くなりました。

○おみつさんが、「こっくり、こっくりうなずきながら」聞いたのはなぜでしょうか。

・おみつさんのうれしさ（いい仕事と認めてもらえたうれしさ、大工さんにプロポーズされたうれしさ）にふれる。

・夕焼けのイメージとおみつさんの心の美しさのイメージを重ねて読ませる。

たしかめよみ　七場面

ねらい

・はじめの場面とおわりの場面を対比することで、マサエの認識の変化をとらえさせる。

わらぐつの中の神様　杉みき子

七の場面

めあて　どんなマサエでしょう。

目をくりくりさせて
そいで、そいで
およめにいったの（？）
大事にしたの（？）
まだ生きてるの（？）
へえ、どこに（？）

類比

知りたい
興味がある
（読者も）

おどろき・うれしさ

授業の流れ（おもな発問）

○マサエの会話から、どんな気持ちなのか考えていきましょう。

・マサエの興味や喜びは、読者自身の興味や喜びでもあることをおさえる。

○マサエは、どのように変わったのでしょう。

・はじめの場面のマサエの言動と、

はじめの場面　わらぐつ……みったぐない
外見
神様〜迷信

対比

おわりの場面　すぐ（動く）

ほこりだらけの箱
かびくさい
「きれいだ。」
「かわいいね。」

おみつさんが作ったわらぐつの中にも

関連づけて
見る・考える

この雪げたの中にも
神様がいるかも
しれないね

マサエのおじいちゃんに対する気持ち

おわりの場面のマサエの言動を対比しながら見ていく。

○他に変わったことはないですか。

・マサエのおじいちゃんに対する見方が変わったこともおさえる。（はじめの場面のおじいちゃんの人物像が伏線になっていることにふれる。）

○マサエは雪げたの中に何を見たのでしょう。

・マサエが意味づけた神様とは何かを考えさせる。

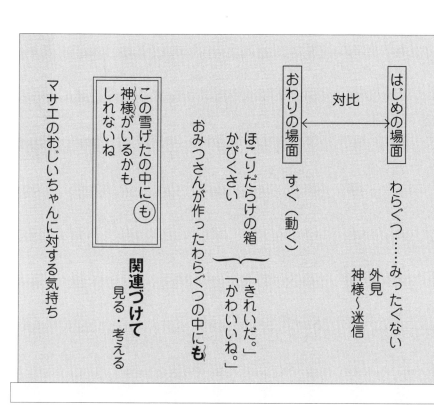

まとめよみ

ねらい

▼関連づける見方・考え方をすることによって、対象の中に、より深い価値を見いだし、自分も成長することができることに気づかせる。

わらぐつの中の神様　杉みき子

まとめ　学びのふり返り

めあて　マサエが変わった意味を考えよう。

大工さん
←
わらぐつ
神様～おみつさんの仕事ぶり
価値を見いだした

関連づける見方・考え方

マサエ
←
雪げた
神様～おじいちゃんの愛情
価値を見いだした

授業の流れ（おもな発問）

○マサエは、なぜ変わったのでしょうか。

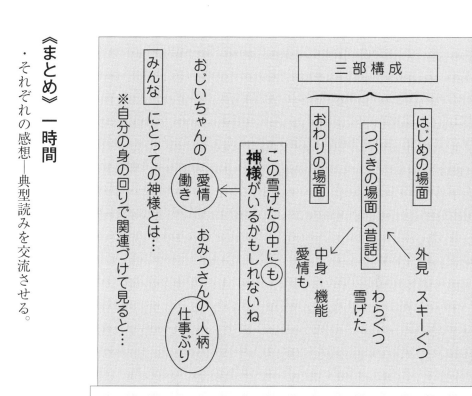

三部構成

はじめの場面

外見　スキーぐつ

つづきの場面（昔話）

わらぐつ
雪げた

おわりの場面

中身・機能
愛情も

この雪げたの中に**も**
神様がいるかもしれないね

おじいちゃんの　愛情　働き

おみつさんの　人柄　仕事ぶり

みんな　にとっての神様とは…

※自分の身の回りで関連づけて見ると…

《まとめ》一時間

・それぞれの感想―典型読みを交流させる。

三

○三部構成になっていることの意味を考えましょう。

（視角が転換することの意味を考えさせる。）

・マサエの認識の変化は読者の認識の変化でもあることを確認する。

○みんなの中にある神様とは何かを考えましょう。

・日常の生活の中から関連づけてみることで、自分自身にとっての神様とは何かを考えさせる。

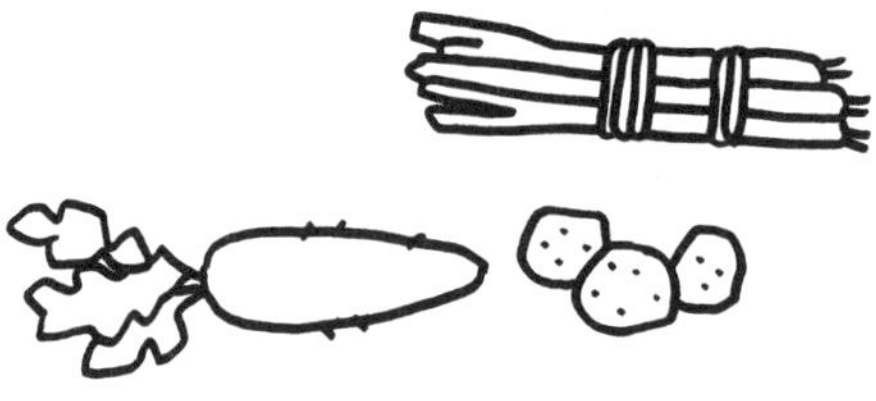

四

授業の実際

二

題名から

ねらい

▼作品の世界にはいるために題名からイメージを広げ、読みの構えを持たせる。

プロセス

まず「わらぐつの中の神様」という題名からどんな内容を想像するか出し合い、この題名が《仕掛》としてのはたらきをもっていることをおさえました。その後、全文の読み聞かせをして、はじめの感想を書かせました。

(はじめの感想)

●おくが深い

ぼくの思っていたことと違ってびっくりしました。マサエのおばあちゃんが作ったわらぐつが神様だということがわかりました。

でも、あんなにわらぐつが売れたのに雪げたを買えなかったということは、雪げたはそんなにそんなに高い商品だったんだなあと思いました。でもまさか、おばあちゃんが作ったわらぐつが神様だったとは思いませんでした。おくが深いなあと思いました。

(皓太)

●びっくり

神様というのは、本当の神様ではなくて、おばあちゃん(おみつさん)の少し不細工なわらぐつを買ってくれたおじいちゃんだったのがびっくりしました。私もおばあちゃんのように、ずっと欲しかったものを買ってもらっても、もったいなくてしまっておくなあと思いました。このお話は、とてもいい話だと思いました。だから、どんなに不細工であまり気に入らなくても、いろいろなところに神様がいるので、大切にしようと思います。

(絢香)

一場面

ねらい

▼マサエの言動を類比することで人物像をとらえさせる。

プロセス

〈しんしんと〉〈雪がサラサラと〉〈しょうじがカタカタ〉などの表現から、静かで冷え込む冬の夜をイメージさせたあと、言っていること、していることに目をつけてマサエの人物像をとらえていきました。

二場面

ねらい

▼おばあちゃんとマサエのわらぐつに対する見方を対比することで、わらぐつを条件的に見ることのできないマサエの認識をとらえさせる。

T　いよいよ題名にある『わらぐつ』が出てきました。今日のめあて「どんなマサエでしょう。」は、わらぐつをどういうふうに見ているマサエなのかを勉強していきます。

プロセス

会話文の中から、マサエ、おばあちゃん、それぞれが『わらぐつ』をどう思っているかわかる言葉を抜き出していきました。

その後、二人の見方の違いをはっきりさせるために対比します。

●わらぐつに対する見方を対比

T　マサエとおばあちゃんと対比してみましょう。

C　対比。

T　そう、マサエの見方・考え方とおばあちゃんの見方・考え方のね。…対比ってどんな見方でしたか。

香里　比べる。

T　そう、何を？

C　違いを比べることです。

T　隣同士でちょっと相談してごらん。

～二、三人で相談～

T　マサエはどんな見方かな。

憲司　マサエはダサいと思ってる。

T　うん。ダサいね。それはわらぐつの何を見てそう思ってるのかな。

憲司　わらぐつのその古さ。

T　そうね、古さ。憲司さん、いいところに目をつけたよ。

爽汰　ぼくも憲司君と一緒で、わらぐつが古くてダサいと見ていると思います。ダサいって言うのは、みんなスキーぐつをはいているのに、一人だけわらぐつとかで行ったらダサいと思います。

C　おばさんくさい。

C　みっともない。

T　そう、マサエは、何が嫌なのかというと…

C　見た目。

C　格好。

国利　外見。

T　マサエは外見を見て、嫌だって言ってるのね。

じゃあ、おばあちゃんは、〈いいど〉って言ってますね。何を〈いいど〉って言ってるの。

C　あったかい。

C　軽い。

C　すべらない。

英介　機能重視。

T　英介さん、いい言葉を言ってくれましたね。もう一回みんなに聞こえるように言ってくれる。

英介　機能です。

琉斗　英介、あだま（頭）いいなあ。

T　機能という言葉、わかりやすいように誰か言ってくれませんか。

憲司　（辞書を引いて。）「あるものの持っているはたらき。」

T　働きね。つまり、わらぐつがどんなはたらきをしているかということですね。

ポイント！
十分話し合ったら、「機能」「はたらき」などの言葉でまとめることも大事。

T　昨日、マサエの言っていることやしていることが「自分みたい」「うちのおねえちゃんみたい」って声があがっていましたが、みんながマサエの立場だったらどうですか。

C　マサエとおんなじ。

T　みなさんもマサエと変わらないよね。きっとね。多分普通の小学生であれば、外見を気にするよね。

四

三場面前半

ねらい ▼類比されるおみつさんの説明と雪げたの描写から、おみつさんの人物像をとらえさせる。

●《説明》で描かれるおみつさん

T　今日は「どんなおみつさんでしょう。」がめあてなんですが、その前に確認します。物語には、表現方法として、《叙事》《会話》《説明》《描写》の四つがあるんだって勉強しましたね。では、今みなさんが読んだ三の場面の初めの四行は、どれに入るかな。

C全　説明です。

めあて　どんなおみつさんでしょう。

プロセス

特別美しいむすめというわけでもありません　が　丈夫で、気立てがやさしくていつもほがらかで　と、後の方が強調されて紹介されていることをおさえ、おみつさんの〈内面〉の美しさが強調されていることに気づかせました。

●雪げたの《描写》でわかる、おみつさんの見方

T　では、続きを読んでもらいます。

C　（音読～数名、指名読み）

T　町に入ってすぐ〈ふと足を止めると〉おみつさんの目に何が見えてきましたか。

C　雪げたです。

T　雪げたが語られている部分は、四つのうちのどの表現方法で描かれていますか。

C　描写。

T　ずいぶん詳しく描写してありますね。おみつさんにどんなふうに見えているのか発表して下さい。

悠　かわいいなあ。

琉斗　〈ぱっと明るいオレンジ色のはなお。〉だから、きれいだなあ。

C　上品でいいなあと思っている。

C　先生、色って描写にはいるんですか。

T　目にみえるように描いてあることだから、描写ですね。

爽汰　〈ぱっと明るいオレンジ色の…〉〈くすんだ赤い色のつま皮〉のところで、色がきれいだなあと思っている。

C　〈はなやかな冬のよそおい。〉

T　が、目の前に浮かんでくるんですね。

静香　〈黒いふっさりとした毛皮〉って。

　ふわふわしていいなあ。

皓太　まだあります。〈上品な〉のところで、私に似合うかなあ。

英介　〈白い、軽そうな台。〉は、はいて歩きたいなあと思ってる。

●用の価値も見抜いている

T　ここで、みんなはたぶん知らないだろうなという見方を話しますよ。

〈白い軽そうな〉とありますが、白い木というのは「桐」という高級な材料なんです。だから、白いっていうとすぐ桐のげただってわかります。きれいなのはもちろんだけど、軽いし、水に濡れても丈夫だし、腐りにくいんです。なので、白いのがぱっと目についたということは、このげたが、とても高級で値うちのあるものだなって、おみつさんは見抜いたということなんですよ。では、雪げたはどんな場面で履くはきものなの？

航　冬。

C　雪道で履く。

T　桐だと、雪がついても…、

悠　重くならない。軽そうないい台。

国利　それにひかれたのか。
T　それからなぜ、つま皮がついているのですか。
悠　歩いたときに雪が入ってこないから。
T　そう、それから毛皮だから…
C　暖かい。
T　そうですね。軽いし、ぬれないし、暖かい。（「用の価値」と板書）読んでごらん。
Cn　用の価値。
T　さっき言ってくれた「きれいだなあ」というのは、「美の価値」と言います。
C　美の価値？
T　そう。むすめさんだもの、用の価値ばかりだと惹かれないでしょ。美しいものを見て素直に美しいと感じていますね。おみつさんから見た雪げたが目に浮かんできますね。
じゃあ、雪げたをこんな風に見ているおみつさんをどう思いますか。
和正　心が美しい！

英介　一瞬でこういう価値を見抜くというのはすごい人。鑑定団に見える。
優花　ちょっと言葉がちがうけど、見る目がある？
悠　ちゃんと、雪げたを上から下までちゃんと見ている。
T　今、悠さんがいいことを言ってくれましたよ。外見を見ているんだけど、ちゃんと上から下までしっかり見ているって。
T　まとめますよ。（板書を見ながら）気立てが良く、
C　優しくて、
T　性格がいいだけじゃなくて、
C　ものを見る目があって、
T　ちゃんとその価値を…、
C　価値を見抜ける人。
T　そんなおみつさんね。

雪げたの、冬のはきものとしての条件をふまえよう！
桐の特性を教師から教えると、毛やつま皮等、飾りだとや考えていたものの機能が見えてきて、おみつさんの目の確かさがわかるよ。

四

三場面後半

ねらい

▼雪げたがほしくてたまらないおみつさんに共体験させる。

プロセス

おみつさんの雪げたがほしくてたまらないという気持ちがわかるところを類比して見ていきました。

四場面

ねらい
▼おみつさんの仕事に対する姿勢と考え方をとらえさせる。

プロセス

授業の前半は……

家庭の事情を考えて自分で仕事をして雪げたを買おうと決心するおみつさんに、ひとしきり感心したあと、そのおみつさんの仕事ぶりをみていきました。

〈はく人がはきやすいように〉

〈少しでも長持ちするように〉

〈あったかいように〉

〈しっかりしっかり〉

これらの表現に着目して、類比していきました。

四

後半

●似ているおみつさんのイメージとわらぐつのイメージ

T　〈さて、やっと一足作りあげてみると、われながら、いかにも変な格好です〉…誰が言っているの。

C全　おみつさん。

T　〈われながらいかにも変な格好です。〉つまりおみつさんは自分で自分のわらぐつを見て言ってるんですね。ここは描写だよね。おみつさんからは、わらぐつはどういうふうに見えているのか発表してください。

英介　〈変な格好〉〈首をかしげたみたい〉

皓太　〈右と左と大きさが違う。〉

優花　〈ちゃんと置いてもふらふらする。〉

悠　〈底もでこぼこしている。〉

静香　〈足首の上のところが曲がって〉いる。

康太　〈ちゃんと置いてもふらふらする。〉

T　もう一度（板書を）読んでください。

Cn （読む）

T すごい欠点だらけですね。

悠 でも、〈その代わり、上からつま先まですき間なく、きっちりと編み込まれていて丈夫な〉わらぐつ。

T と、自分でも思っているんだよね。

悠 はい。

T 悠さんが言ったところをみんなでまた読んでください。

Cn （読む）

T なんか、これに似た表現が、前にありましたね。「これこれこうだ、その代わり、これこれこうだ」という表現の仕方。

C 強調だ。

悠 だめなのを前に持ってきて、その代わりって、いいのを後から書いている。

T どの場面でやりましたか。「～が～」となると後の方が強調されるのでしたね。

C 二の場面でねえ。

C あ～、三の場面だ。

T そう、三の場面だよ。

C全 （三の場面を開いて確認する。）

琉斗 あ～、〈特別美しいむすめというわけでもありませんが〉のところだ。

T 誰の説明のところでしたか。

C おみつさん。

T そうそう、このわらぐつの表現とおみつさんの説明の部分が、とても似ていると思いませんか。

C うん、似てる。

C おみつさんがわらぐつ？

Cn （笑い）

●関連づける見方

T おみつさん＝わらぐつではなくてね、

特別美しいむすめというわけではありませんでした……

が

四

体がじょうぶで、……

で強調されたおみつさんの人柄のよさと、

いかにも変な恰好……
その代わり
じょうぶなことこの上なし

この、少しぶかっこうだけれど丈夫で雪道で歩くにはとっても暖かいわらぐつのイメージが重なってくるね。〈人〉と〈もの〉なので、全然別のものでしょ。

C　はい。

T　でも読んでいくとなんだか…

C　似てる感じがするよ。

T　そう、似ている感じがしてくる。イメージの上で重なって見える、こういう見方は『関連づける』という見方なの。

Cn　関連。

T　一つ、今日覚えましたよ。『関連づける見方』言ってみましょう。

Cn　関連づける。

T　そういうことってみなさんの身の回りにもないですか。先生はようくわかりますよ。たとえば、みなさんの使っている物、消しゴム一つでも使う人が見えてくる。みんなちょっと紹介しますね。英介さんのふでばこ、一年生になったときに買ってもらったものなんだって。すごいでしょ。五年間も使っているんです。ふでばこを見ると、そんなふうに使う英介さんがどんな人か見えてきますね。

国利　がんばりやで、物を大事にできる人。

C　ほかのものも大切にする人。

T　そう見えてきますね。それが関連づけて見るということです。うまいなあ、杉みき子さん、って。先生思うんですよ。

康太　先生、杉みき子さんっていう人、頭いい？

四

T　そうだね。作家さんはいろいろ調べたり、すごく勉強していると思いますよ。

悠　なんか、いろいろ考えることができる。あとなんかないですか。杉みき子さんの本。

T　ありますよ。今度紹介しますね。はい、作家さんのすごさを言ってくれましたけど、作家さんがものを描いて、人を表す書き方をしているんですね。

Cn　「ものを描いて、人を表す。」

《関連》という見方・考え方はこの後繰り返し使うので、具体例をあげて納得できるように説明しよう。

四

（あいだの感想）

●雪げたがほしくてたまらないおみつさん

おみつさんにとっての雪げたは、頭からはなれないほどほしくてほしくてたまらないげたで、どんなに高くても、どんなに高くてもぜったいぜったいあきらめられないのです。ぼくから見て、雪げたがほしくてたまらないおみつさんは、ほんとにがまん強いんだなあと思いました。

（皓太）

●人のことをちゃんと考えるおみつさん

私は、おみつさんはとても優しい人だと思います。それは、ちゃんと人のことを考えるからです。すばやくたくさん作って、お金をかせいだりせずに、少しくらい格好が悪くても、はく人のことを考えて時間をかけてしっかり作るのですごく感心しました。私だったら、すばやくたくさん作るかもしれないなと思いました。こんなおみつさんを見習いたいです。

（絢香）

五場面

ねらい

▼自分で作ったわらぐつに対して、見方がゆれ、自信をなくしていくおみつさんの気持ちをとらえさせる。

プロセス

自信を失っていくおみつさんをとらえるのに、呼称（わらぐつをどう呼んでいるか）や、会話文のダッシュ（―）に目をつけていきました。

子どもたちは同情しきりで、「ポジティブになれって！」「がんばれ！」と応援も。大工さんが買ってくれたところでは、読んだ時は、「テンションマックスって感じ！」と言った子もいました。

同化、異化両方ないまぜになった体験をさせたい場面です。

六場面前半

ねらい

▼何度も買ってくれる大工さんを不思議に思うおみつさんに同化して気持ちを考えさせる

プロセス

自信のなさや戸惑いを表わしている会話文のダッシュや、言い切っていない文末を手がかりにしながら、大工さんとやりとりするときの気持ちを読みとっていきました。同化を中心に進めてみました。

六場面後半

ねらい

▼大工さんの会話から、大工さんのものの見方・考え方をとらえさせる。

T　今度のめあては、どんな大工さんかです。読んでいきますよ。

めあて　どんな大工さんでしょう。

●わらぐつに仕事ぶりをみた大工さん

（音読～読み終えるやいなや…）

国利　先生、言いたいです。〈いい仕事っていうのは見た目で決まるんじゃない、使う人の身になって・・・〉のところなんだけど、おみつさんも前の四の場面で丈夫にちゃんと使う人のことを考えて、機能を考えて作ったから、（それを見抜いて）いい仕事をしていると思って大工さんは、言ったと思います。

悠　ちょっと付け足して…。おみつさんはまあ、外見も見てほしかったかもしれないけど、一番見てほしいのは中身で、通りかかった人たちは、その外見ばかり気にしてるけど、その大工さんは、ちゃんと機能も見てていい。長持ちするように作るのがその人の仕事でもあるから買ってくれたんだと思います。

英介　似てる。大工さんとおみつさんは似ている感じがします。大工さんは「仕事は、見かけで決まるもんじゃない」って言ってて、おみつさんも見かけはそんなに気にしていなくて、見かけは不格好だけど機能はいいわらぐつを作り上げたいから、そこが似ている。

登也　四の場面で丈夫に作ったんで、いい仕事をしたから、大工さんも気に入ったんだなあ。

T　つまり、おみつさんの仕事ぶりを大工さんは、
登也　ちゃんと理解していた。
爽汰　ちゃんと認めた。
C　大工さんは理解した。

●おみつさんと大工さんの共通点

T　もう一度ふりかえりますが、町の人たちはわらぐつの何を見ていたんでしたっけ。
C　外見。
C　見た目です。
T　大工さんは？
C　中身です。
C　機能！
T　このわらぐつはどんなにいいわらぐつかを外見でなく見抜いたということですね。
憲司　だから買ったんだよ。
T　だから、最初に買ったときどんな態度でしたか。
琉斗　う～んと見てた。
優奈　横にしたりして、ながめて機能を確かめていた。
悠　そっから機能を見てた。
真由　どういうわらぐつかなって。
登也　使う人の気持ちになって作ったのかは、そこで見抜いていた大工さん！
おみつさんがいい仕事をしていたって見抜いていた。
康太　分がってだ。
T　じっくり見て、ああ、この仕事はいい仕事ぶりだなっていうことをちゃんと見抜いていた大工さんだったんだなあということが、ここにきて、分かりますよね。

ここにきて、前の場面の大工さんの行動を意味づけられる。これも文芸のおもしろさだよ。後先ひびき合わせて読む楽しさを！

悠　それって大工さんだから全部見てるんですか。同じ職人だから？

和史　大工さんとおみつさんは同じ職人だから、同じ気持ちっていうか、見る目が同じということです。

T　和史さんが言ったように大工さんとおみつさんは同じものを作る人です。なので、ものを見る目、ものの価値…、価値という言葉を使ってもいいかな。同じ働く者として価値がわかる人物なんだということですね。なるほどなあ。

●ものの中に人を見る

T　大工さんが初めて買った時に、このわらぐつをたてにしたり横にしたりしてじっくりながめていましたね。大工さんは、あのとき、このわらぐつの中に何を見ていたでしょうか。

絢香　わらぐつを見てしっかり編んであったので、おみつさんが、ちゃんとした仕事をする人なんだなあということがわかったと思います。

悠　いい仕事をする人だなあって。

国利　人のことを考えて作ることができるっていうか、しっかりしっかり作ってあるから、この人はしっかりした人かなって思ったと思います。

C　心をこめて作ったから。

T　おみつさんと同じ価値観を持っている大工さんだから、その仕事ぶりがわらぐつを通してわかったということですね。

そのことを『ものを通して人を見る』といいます。

え、今度そっち？

悠　そうです。この前勉強した『ものを描いて人を表す』と似ているね。それは作家さんの描き方です。

T　今は、大工さんの見方のことです。わらぐつを通しておみつさんという人がどんな人かを見たということなんです。大工さんと

四

おみつさんは、市で会うだけの関係でしょ。他では会ってない。でも「およめに来てくんない。」ってプロポーズしましたよね。ろくに話もしたことのない人でもこの人なら結婚したいって思ったのね。

憲司　人を見る目があるね。

七場面

ねらい

▼はじめの場面とおわりの場面を対比することで、マサエの認識の変化をとらえさせる。

プロセス

今日の場面を音読後、ダッシュ（—）から場面が変わったことと、それに伴って視点も変わったことを確認しました。

めあて　どんなマサエでしょう

プロセス

おみつさんのその後が知りたくてたまらないマサエが、真実を知り、喜ぶ姿を読み取った後、認識が変わったことを確認しました。

●マサエの変化（変革）

T　どんなマサエか見ていきましょう。
英介　〈ふみ台をもってきて〉から、中に何があるのか知りたいから、すぐふみ台を持ってきているマサエ。
康太　次のなぞを知りたい。何だべなあ（何だろうな）って。
静香　何が入っているのか知りたい。すぐ見たい。
T　最初の場面のマサエだったらどうでしょうね。
C　人にまかせる。
C　甘えて。
登也　でもおばあちゃんの話を聞いたから、人にやらせないで自分から行動するっていう、そう思って自分からやったと思う。
絢香　〈すぐ〉ってあるから、一秒でも早くみたくて、自分でもってきたと思います。
T　〈すぐ〉、行動ですね。
琉斗　前は、人任せなマサエだったけど、おばあちゃんの昔の話を聞いて、気持ちが変わって自分からやるようになった。
悠　マサエは、〈ほこりだらけのボール箱を下ろしました。〉のところ。前のマサエだったら、ほこりがあれば絶対見たぐないって言うと思う。
英介　いやだあ。さわりたぐないって言うと思う。
康太　めんどくさくて、お母さんに取りに行かせるかも。
静香　〈つうんとかびくさいにおいがして〉だから、そんなかびくさいの、捨てればいいのにって言うかも。
T　前のマサエだったらそうでしょうね。でも、古いなあって言ってないんですよ。マサエはなんて言いましたか。
C　〈「あら、きれい。」〉
C　〈きれいな雪げたがきちんとならんで〉いた。
T　これは描写ですね。「きれいな雪げたがきちんとならんでいた」と見ているのは誰？
C　マサエ。

四

T　そう。かびくさいのに「やだー」って言わないで、そう受け止めたということです。
悠　なんか、だんだんおみつさんに似てきてる。
T　そうみえますか
はじめの場面のマサエの見方とおわりの場面のマサエの見方を対比してみたら、マサエが変わったのがわかってきましたね。
康太　〈「この雪げたの中にも、神様がいるかもしれないね。」〉のところで、はっきり思ってるのがわかる。
T　〈この雪げたにも〉（板書して）この〈も〉は、いったいどんな意味があるのかな。
博人　〈も〉はもっとあるということだから、他にもいる。
登也　おみつさんが作ったわらぐつにも、神様がいると思ったし、雪げたに神様がいるかもしれないってマサエは思っている。
T　大工さんがおみつさんのわらぐつにも神様がいるって思ったように、この雪げたにもいるかも……っていうこと。マサエも納得したっていうか、そう思えるようになったということですね。

●神様の意味づけ

T　前に、「ものを通して人をみる」という勉強をしましたね。今マサエは、雪げたの中に〈神様〉をみていますね。マサエが今「いるかも」と言ってる「神様」って、なんだろう。
香里　おじいちゃんの気持ち？
絢香　香里さんと同じで、おじいちゃんの気持ちが神様。
爽汰　働いて買ってくれたから、おじいちゃんの汗と涙と努力…が神様みたいな？
亜矢　おじいちゃんの愛情。
T　そう、愛情ですね
英介　〈も〉って言ってるから、雪げたもどっちもハッピーエンドのそんな幸せが詰まってるっていうこと。
T　英介さんは『幸せ』と意味づけるのね。

悠　〈あんまりうれしくてもったいないない〉って書いてあるから、おばあちゃんはおじいちゃんの気持ちがうれしくてずっととっておいたから、その気持ちがマサエにも伝わったんだと思います。

C　だから、神様がいると思えるようになった、変わった。

T　外見しか見ていなかった見方が、おばあちゃんの昔話を聞いて、本当の自分のおばあちゃんの話だったとわかって、雪げたのなかにも「神様」いると思えるように変わったということですね。

四

まとめよみ

ねらい

▼関連づける見方をすることによって、対象の中により深い価値を見い出し、自分も成長することができることに気づかせる。

T　マサエの会話を読みましょう。

C全　（音読）

T　今日で「わらぐつの中の神様」は最後です。前の時間、マサエは一の場面のマサエからみると変わったという発表がありましたね。

●『神様』を見いだすということ

T　マサエは、おばあちゃんの話を聞いて、変わった。かびくさい雪げたの中にもおじいちゃんの愛情や、おばあちゃんの嬉しい気持ちを見いだすようになった……神様を見いだすようになった、そんな勉強をしましたね。

T　「雪げた」は「もの」です。「おじいちゃんの愛情」は目に見えないものです。目には見えないものを見つけているんですね。この見方はなんという見方でしたか。

悠　関連！

T　そう。おじいちゃんである大工さんが、わらぐつの中におみつさんの働きぶりをみたようにマサエも、関連づける見方や考え方ができるようになったのでしたね。

●構造（三部構成）の意味。

T　この中の昔話は一つの物語になっているでしょう。大きい物語の中にもう一つ物語がある形になっています。はじめ・つづき・おわりと三部構成になっています。「わらぐつの中の神様」という題名なんだから、「つづき」の部分のおみつさんのお話だけでいいんじゃないですか。〈はじめ〉と〈おわり〉は無くてもいいんじゃないかということですよ。

Cn　（考える。…隣同士でも相談）

英介　真ん中だけだとそのまま、昔話。

皓太　ただの昔話です。

琉斗　おみつさんと大工さんの恋愛の話。

静香　ラブラブ物語。

T　そう。よかっためでたしめでたし…の話で終わっちゃうよね。

T　マサエを視点人物に設定した〈はじめ〉と〈おわり〉があって、まんなかの〈つづき〉におみつさんの話をもってきたのは？。

和史　今現代は、外見を重視しているけど、昔は機能を重視してやってて、おばあちゃんの話で物を大切にするっていうことを教えた

T　いのかな。

T　こんなふうに三部構成になっていたから、みんなも、おばあちゃんの昔話をマサエと一緒に聞く体験ができた。納得しながらね。(板書の「価値を見いだした」のところを指して) だから、見方や考え方を変えることができたんですね。

C　三部構成にした意味がわかったかな。

悠　和史さんが言ったように、今現代の皆さんは、外見で見ることが多いでしょ。やっぱりかっこ悪いと、はきたくないとか。マサエもそうでしたね。マサエの認識というか、ものの見方が変わったけど、みなさんはどうですか。

T　わんども (ぼくたちも) 変わった。

英介　考え方、ちょっと変わったかな。

琉斗　自分で変わったかな…と思う人?

T　(半分くらい挙手。)

Cn　作られた物の中には作った人の思いがこめられているとか、価値を見いだすことがで

T　きるようになったでしょ。

T　おばあちゃんの言う「神様」っていうことが納得できたと思います。最後に、自分にとっての「神様」は何か考えてほしいんですが、できるかな。

……………

人でもいいの?

自分にとっての「神様」っていうこと? 例えばどんなことですか。先生にとっての神様は?

そうね。先生は遅くまで仕事して、帰るともう疲れちゃってご飯を作るのが大変なんです。でもおばあちゃん、旦那さんのお母さんがね、いつも温かいご飯を作って待っていてくれるから、そのご飯やおかずの中に神様がいるって思えてありがたく思えるかな。ご飯の中におばあちゃんの「おいしいものを食べさせたい」とか「仕事、ご苦労さん」とか、思いやりや優しさ、愛情を感じるんですよ。先生はそれが神様かなと

…。

T　さあ、みなさんにとっての『神様』って何でしょうね。これから見つけていって下さいね。どんなものの中に神様をみいだせるようになるかな。

英介　先生、意味づければ神様だらけですよ。

T　その通りなんですよ。先生もそう思います。

プロセス

最後は、子どもたち一人一人に、自分にとっての『神様』とは…を語ってもらいました。物語世界のことを自分自身のことと関わらせて考えさせる~《典型化》する~ことで、認識の内容に迫ることができると考えます。

ポイント！

物語世界と、自分や、自分を取り囲む世界を関わらせて考えることを《典型化》と言うよ。うまくいかない時は教師が自分のことを語ろう！生活の中で子どもたちが考えてくれることを願ってね。

（おわりの感想）

●関連づけることで感じたこと

私は今までわらぐつの中の神様を勉強して、物語などの昔話などは、いろいろ発言して、わらぐつの中の神様は長い時間かけて勉強したり、関連づけると意味がいっぱい出てきたり、考えることも楽しかったです。言葉一つで、いろいろなことが考えられるので、とてもおもしろかったです。

大工さんがおみつさんのために一生けん命働いて、雪げたを買ってあげたので、マサエが「おじいちゃんがおばあちゃんのためにせっせとは働いて買ってくれたんだから、この雪げたの中にも神様がいるかもしれないね。」と言って、私だったら、いいことをした人に神様がつくんだと思いました。なので、物を通して人を見るというのは、本当にすごいと思いました。

（恵美）

●はじめより変わった私

私は今まで、おみつさんの仕事ぶりとわらぐつなど、関連づけるということを学びました。そのほかにも、はじめは外見だけ見ていて人まかせにしていたマサエもおばあちゃんの昔話を聞いて、自分から進んでやることが変わったことがわかりました。私も、はじめに一回読んだ時よりも、マサエのように変わったと思います。

あと、おみつさんも見る目があるけれど、おじいちゃんもマサエも見る目があるんじゃないかなあと思いました。

（絢香）

まとめ

プロセス

学んだこと、考えが深まったことなど感想を交流し合い、友だちの考えに触れることで、自分自身の認識をさらに深めることができます。

四

【著者】
斎藤千佳子（青森文芸研・津軽サークル）

【シリーズ編集委員】五十音順　＊は編集代表
上西信夫（千葉文芸研・松戸サークル）
曽根成子（千葉文芸研・松戸サークル）
辻　恵子（千葉文芸研・松戸サークル）
山中吾郎（千葉文芸研・大東文化大学）＊

文芸研の授業シリーズ ④
わらぐつの中の神様

2019年2月27日　初版1刷

著　者　斎藤千佳子
編　集　文芸教育研究協議会
発行者　伊集院郁夫
発行所　（株）新読書社
東京都文京区本郷5-30-20　〒113-0033
電話：03-3814-6791　FAX：03-3814-3097

デザイン・組版　追川恵子　藤家　敬　　印刷　日本ハイコム（株）
ISBN978-4-7880-2138-9

【文芸研の授業シリーズ】

①たぬきの糸車　斉藤鉄也 著

②一つの花　辻 恵子 著

③おおきなかぶ　奥 葉子 著

④わらぐつの中の神様　斎藤千佳子 著

★以下、「授業シリーズ」発刊予定

ごんぎつね

くじらぐも

世界一美しいぼくの村

お手紙

太造じいさん

スーホの白い馬

注文の多い料理店

かさじぞう

やまなし

モチモチの木

海の命

ちいちゃんの

川とノリオ

サーカスのライオン